BEI GRIN MACHT SICH IHR WISSEN BEZAHLT

- Wir veröffentlichen Ihre Hausarbeit, Bachelor- und Masterarbeit

- Ihr eigenes eBook und Buch - weltweit in allen wichtigen Shops

- Verdienen Sie an jedem Verkauf

Jetzt bei www.GRIN.com hochladen und kostenlos publizieren

Digitale Medien an Schulen. Wirkung für Lernprozesse und Bildungsprozesse

Elina Fischer

Bibliografische Information der Deutschen Nationalbibliothek:

Die Deutsche Nationalbibliothek verzeichnet diese Publikation in der Deutschen Nationalbibliografie; detaillierte bibliografische Daten sind im Internet über http://dnb.d-nb.de abrufbar.

ISBN: 9783346844514
Dieses Buch ist auch als E-Book erhältlich.

© GRIN Publishing GmbH
Nymphenburger Straße 86
80636 München

Alle Rechte vorbehalten

Druck und Bindung: Books on Demand GmbH, Norderstedt Germany
Gedruckt auf säurefreiem Papier aus verantwortungsvollen Quellen

Das vorliegende Werk wurde sorgfältig erarbeitet. Dennoch übernehmen Autoren und Verlag für die Richtigkeit von Angaben, Hinweisen, Links und Ratschlägen sowie eventuelle Druckfehler keine Haftung.

Das Buch bei GRIN: https://www.grin.com/document/1339732

Die Nutzung digitaler Medien an Schulen

Johann Wolfgang Goethe-Universität
Frankfurt
Sommersemester 2022
Seminar: Was sind Medien? Sichtweisen aus Medienästhetik & Bildungstheorie
Dozentin: Frau Anna-Marie Nothelfer

Eingereicht von:

Elina Fischer

Studienfach: Erziehungswissenschaften

3. Fachsemester

Datum der Abgabe: 03.10.2022

Inhaltsverzeichnis

Schriftliche Ausarbeitung 1
   Einleitung 1
      Was sind Medien, bzw. was sind digitale Medien? 1
      Mehrdeutigkeit des Begriffes „Digitalisierung" 3
      „Pädagogische Medien" 3
   Hauptteil 4
      Digitalisierung an Schulen 4
      Nutzung von digitalen Medien für und in Schulen 7
      Perspektive der politischen Ebene auf Nutzung von digitalen Medien 9
      Nutzung der digitalen Medien aus Sicht der Schüler/Schülerinnen 10
      Ist eine Schule digital, wenn mit digitalen Medien unterrichtet wird? 13
   Fazit 14
Literaturverzeichnis III

Schriftliche Ausarbeitung

Einleitung

Wie werden digitale Medien an Schulen genutzt? Mit dieser Frage befasst sich diese Arbeit und legt den Fokus dabei auf die Wirkung für Lernprozesse und Bildungsprozesse durch den Einsatz der digitalen Medien an Schulen. Digitale Medien haben bereits Einzug in Schulen gehalten und nehmen Einfluss auf Lern- und Bildungsprozesse. Anfangs befasst sich der Text mit der Definition von Medien, bzw. von digitalen Medien und pädagogischen Medien. Auch wird zu Beginn die Eigenschaft der Mehrdeutigkeit des Begriffes „Digitalisierung" skizziert. Der Hauptteil befasst sich mit der Nutzung von digitalen Medien und deren Wirkung auf Lernprozesse und Bildungsprozesse an Schulen. Die Perspektive auf politischer Ebene wird ausgearbeitet und die Perspektive der Schüler/Schülerinnen auf die Nutzung von digitalen Medien an Schulen beleuchtet. Wie ist der Stand der Digitalisierung an Schulen? Abschließend werden die Potenziale durch die Nutzung von digitalen Medien an Schulen und vorhandene Defizite für eine erfolgreiche Digitalisierung an Schulen zusammenfasst, sowie mögliche Optionen für eine erfolgreiche und förderliche Nutzung von digitalen Medien an Schulen aufgezeigt. Dies ist nur ein Teilbereich, in dem der digitale Wandel stattfindet. Bildungsinstitute und Orte von Lernprozessen sind auch schon in der frühkindlichen Entwicklung von digitalen Medien durchzogen. Bildung als lebenslanger Lernprozess endet auch nicht mit der Institution Schule (sekundär), sondern weitet sich über Hochschulen, Aus- und Weiterbildungsstätten (tertiär), bis hin zur Altenbildung (z.B. Hochschulangebote für Senioren) aus. Auch diese Bereiche sind von der Digitalisierung durchzogen, werden aber in dieser Arbeit nicht ausgeführt.

Was sind Medien, bzw. was sind digitale Medien?
Der Begriff „Medien" umfasst sowohl analoge- als auch digitale Medien. Medien vermitteln Informationen, wobei sie kein reines Abbild der Wirklichkeit sind. Medien übertragen Botschaften nicht nur neutral, sie verändern und fügen Informationen hinzu.[1] Das Medium ist häufig verborgen, der Inhalt dagegen offensichtlich. Medien nehmen also Einfluss auf die Informationen.[2] Auch die Sprache kann ein Medium sein. Humboldts Sprachtheorien machen deutlich, dass die Sprache nicht die Wirklichkeit abbildet, sondern diese überformt (auch ein

---

[1] *Wagner*, 2014, S.29.
[2] *Wagner*, 2014, S.29.

Bild bildet nicht die Wirklichkeit ab, sondern erschafft diese).[3] Sprachen als Beispiel von Medien machen die Verknüpfung von Medien und Bildung deutlich: Das Erlernen einer anderen Sprache, kann zur Gewinnung eines neuen Standpunktes in der bisherigen Weltansicht führen. Medien und ihre Entwicklung ermöglichen neue Erkenntnisse von Wirklichkeiten und neue Anwendungsformen bringen Bewegung in nicht erkennbares Unbewegte.[4] So gerät auch die Bildung in Bewegung und Entwicklung.[5] Medienkulturelle Bildung ermöglicht einen Zugang zum Medienwandel aber auch einen reflektierten Zugang zu unterschiedlichen Kulturen.[6] Dies soll einen offenen Umgang mit den eigenen und fremden Kulturen ermöglichen und zuvörderst steht das Verständnis und nicht eine Werteorientierung.[7] Medienkulturen sind mehrdimensional, haben also eine soziale-, historische-, wissensbildende-, identitätsstiftende-, ästhetische- und normative Dimension.[8] Soziale Dimension, weil Sozialsysteme und deren Facetten z.B. Generationsunterschiede medial codiert sind.[9] Historische Dimension, weil Sozialsysteme und Kulturen mit der Geschichte der Medientechnik verbunden sind.[10] Wissensbildende Dimension, weil Wissensproduktion und Wissenskulturen medial vermittelt sind.[11] Identitätsstiftende Dimension, weil Medien beeinflussen und formen Identitäten und Subjekte und definieren deren Möglichkeitsräumen.[12] Ästhetische Dimension, weil jede ästhetische Äußerung ist eine mediale Handlung ist.[13] Normative Dimension, weil Medienwissenschaften sind eher normenvergleichend, bemühen sich aber um ein normenkritisches Verstehen von Medien.[14] Wie schon erwähnt liegt der Fokus auf dem Verstehen von Handlungskompetenzen in Medienkulturen, gleichzeitig mit einem Einbezug von sozialen-, historischen-, kognitiven-, identitätsstiftenden-, ästhetischen- und normativen Dimensionen.[15] Medien sind so auf jeglichen Ebenen präsent.

Digitale Medien sind multimedial und multitextuell, so ermöglichen sie ein dichtes Nebeneinanderstellen der Wirklichkeitserfahrungen und deren Vergleiche werden ermöglicht.[16] Kommunikation (Interaktivität) findet trotz fehlender Präsenz statt und

---

[3] *Pietraß*, 2020, S.328.
[4] *Pietraß*, 2020, S.325.
[5] *Pietraß*, 2020, S.328.
[6] Medienkultur und Bildung, 2013, S.3.
[7] Medienkultur und Bildung, 2013, S.3.
[8] Medienkultur und Bildung, 2013, S.4.
[9] Medienkultur und Bildung, 2013, S.4.
[10] Medienkultur und Bildung, 2013, S.4.
[11] Medienkultur und Bildung, 2013, S.4.
[12] Medienkultur und Bildung, 2013, S.4.
[13] Medienkultur und Bildung, 2013, S.4.
[14] Medienkultur und Bildung, 2013, S.4.
[15] Medienkultur und Bildung, 2013, S.8.
[16] *Pietraß*, 2020, S.333.

ermöglicht eine digitale Speicherbarkeit.[17] Mit der (zunehmenden) Entwicklung von Medien verstärkt sich in den letzten Jahren auch die Debatten über die Digitalisierung von Bildung. Gerade durch die Coronapandemie nahm dieser Diskurs noch stärker zu und die Notwendigkeit von digitaler Bildung wurde deutlich. Auch führten die Auswirkungen auf die verstärkte Nutzung von digitalen Medien durch die Pandemie zu einer differenzierten Reflexion über Medien und deren Auswirkungen (sowohl die negativen als auch positiven Auswirkungen).

Mehrdeutigkeit des Begriffes „Digitalisierung"
Der Begriff „Digitalisierung" ist von Mehrdeutigkeit geprägt.[18] Resultat dieser Mehrdeutigkeit führt zu der Unklarheit, was Digitalisierung bewirken soll.[19] Im folgenden Abschnitt werden grundlegende Sichtweisen zusammengefasst, um den Begriff „Digitalisierung" zu skizzieren. Digitale Daten werden überwiegend in binärer Form erfasst, dadurch werden Daten (Informationen) gespeichert, automatisch und regelbasiert verarbeitet und stehen fast überall zeit- und ortsunabhängig zur Verfügung.[20] Digitalisierung im schulischen Kontext, ist nach Sichtweise der Informatik (Digitalisierung, Automatisierung und Vernetzung weisen Merkmale der Informatik auf) einerseits die computerbasierte Erfassung, Verarbeitung und Vernetzung von Daten in der Schule und andererseits ist es der Umgang und Verständnis über computerbasierte Erfassung, Verarbeitung und Vernetzung, die durch die Schule vermittelt wird.[21]

„Pädagogische Medien"
Unter dem Begriff „pädagogische Medien", beschreibt Zirfas Medien, die implizit oder explizit Veränderungen von Einstellungen, Meinungen, Kenntnissen, Wahrnehmungsformen oder Verhaltensweisen beeinflusst werden.[22] Medien und Pädagogik sind miteinander verwoben.[23] Sie können sich gegenseitig schaden und nutzen.[24] So können Medien Lernprozesse unterstützen und weiterentwickeln.[25] Medien können aber auch zu einer Dekonstruktion von Lernen und Rationalität führen.[26] Zirfas setzt den Zusammenhang zwischen didaktisierten Medien als ein vorprogrammiertes Lernen.[27] Einerseits ermöglicht dies eine individuelle Aufnahme und Verarbeitungen von Wissen, kann aber auch vorprogrammiertes Lernen und

---

[17] *Wagner*, 2014, S.35.
[18] B-S-D, *Wolff & Martens*, S.457.
[19] B-S-D, *Wolff & Martens*, S.457.
[20] B-S-D, *Wolff & Martens*, S.458.
[21] B-S-D, *Wolff & Martens*, S.458.
[22] *Zirfas*, 2017, S.120.
[23] *Zirfas*, 2017, S.120.
[24] *Zirfas*, 2017, S.120.
[25] *Zirfas*, 2017, S.120.
[26] *Zirfas*, 2017, S.120.
[27] *Zirfas*, 2017, S.120.

Lernprozesse begrenzen.[28] Die Interaktivität von multimedialen Angeboten sind dementsprechend vorprogrammiert.[29]

Hauptteil

Digitalisierung an Schulen

Schule ist zum gewissen Teil eine Spieglung der Gesellschaft.[30] Lernende sollen eine Orientierung in der zukünftigen Gesellschaft erhalten und auf dessen Herausforderungen vorbereitete werden.[31] Anders auch, die Erschließung der Welt über Bildung und so angepasst an die Gesellschaft und Welt, an digitale Prozesse. Diskussionen und Debatten über den Prozess von Digitalisierung umfassen ebenfalls Diskussionen und Debatten über gesellschaftliche Normen und Werte.[32] Gesellschaftliche Auseinandersetzungen werden so auch über Debatten über Schule und Bildung geführt.

Im Fokus der gesellschaftlichen Debatten (so auch in Diskussionen über den Prozess der Digitalisierung, umfasst ebenfalls den Diskurs über die gesellschaftlichen Normen und Werte) steht die individuelle Freiheit.[33] Diese Betonung entwickelte sich aus der kulturellen Revolution in den 1960er-Jahren und beeinflusst das Denken und Handeln vieler Gesellschaften.[34] Die Digitalisierung sorgt für einen gravierenden Kommunikationswandel, fördert die Transnationalisierung und es bilden sich ort- und zeitunabhängige soziale Gruppen. Schule entwickelt sich von einer „Schule für alle" zur „Schule für plurale Individuen".[35] Digitalisierung an Schulen ist aus pädagogischer Sicht als Ort der Entwicklung von Individuen und Gruppen zu verstehen.[36] Digitalisierung kann auch aus didaktischer Sicht gesehen werden, Digitalisierung ist Teil der Allgemeinbildung und wirkt sich auf jede Einrichtungen aus (so auch auf Schulen).[37] Kommunikation, Interaktionen und Wissensaustausch verändern sich und es existieren zahlreiche Angebote durch die Digitalisierung.[38] Informationen werden dadurch unüberschaubar und sollten auf ihre Stichhaltigkeit und Wahrheitsgehalt kritisch hinterfragt

---

[28] *Zirfas*, 2017, S.123.
[29] *Zirfas*, 2017, S.123.
[30] B-S-D, *Kraler & Worek*, S.445.
[31] B-S-D, *Kraler & Worek*, S.445.
[32] B-S-D, *Wolff & Martens*, S.458.
[33] B-S-D, *Wolff & Martens*, S.458.
[34] B-S-D, *Wolff & Martens*, S.458.
[35] B-S-D, *Wolff & Martens*, S.458.
[36] B-S-D, *Wolff & Martens*, S.458.
[37] B-S-D, *Wolff & Martens*, S.459.
[38] B-S-D, *Wolff & Martens*, S.459.

werden.[39] Hier wird der Einfluss von digitalen Medien auf Informationen deutlich. Selbstbestimmung und Selbstverantwortung bei der Auswahl der Informationsquellen (digitalen Medien) gewinnen an Bedeutung durch die rasch wechselnden Angebote der digitalen Medien. Der Fokus sollte auf „sich selbst zu informieren" liegen und nicht von der Flut der digitalen Medien und ihre Informationen „nur informiert werden".[40] Aus didaktischer Sichtweise beinhaltet Digitalisierung zum einen die Frage, welche digitalen Inhalte zur Allgemeinbildung gehören und zum anderen, wie diese digitalen Inhalte am besten vermittelt werden können.[41]

Durch den digitalen Wandel und seine Auswirkungen werden nicht nur die Bedingungen für den Alltag verändert, sondern es wandeln sich auch die Bedingungen von Medienbildung.[42] Entgrenzungsprozesse werden gefördert, die zu Dezentralisierung und Deregulierung von Lernorten führen und neue Wissenszugänge ermöglichen.[43] Das Potenzial der Nutzung von digitalen Medien wird im Bildungsbereich Schule noch nicht genug genutzt.[44] Es bestehen noch zahlreiche Defizite bei der Ausstattung, den Zugängen und Konzepten für eine ausgeschöpfte und effiziente Digitalisierung an Schulen.[45] Auch das „Zusammenspiel" zwischen Bildungspartner/Bildungspartnerinnen und Bildungsbeteiligten rückt in den Fokus.[46] In der Forschung wird vor allem das Konzept der Ganztagsschule für eine effiziente Digitalisierung angesehen.[47] Das Zusammenspiel von formalen, non-formalen und informellen Bildungsorten und Bildungsprozesse (z.B. wie bei Ganztagsschulen) könnte eine innovative Möglichkeit im Zusammenspiel mit digitalen Medien eröffnen.[48] Erste Untersuchungen zeigen, dass Ganztagsschulen verschiedene Lernkontexte aufeinander beziehen können und sich dadurch Grenzziehungen und Inkompatibilitäten zwischen verschiedenen Bildungskontexten auflösen.[49] Dies könnte sich auch auf die digitalen Medien und Medienbildung beziehen. Es fehlen jedoch noch genaue empirische Untersuchungen und Analysen, um ein Verständnis für die Rolle der digitalen Medien im Verhältnis zu formaler, non-formaler und informellen Bildungsorte und Bildungsprozesse in und an Schulen. Die Forderung nach einer „Erweiterung

---

[39] B-S-D, *Wolff & Martens*, S.459.
[40] B-S-D, *Wolff & Martens*, S.459.
[41] B-S-D, *Wolff & Martens*, S.459.
[42] B-S-D, *H., T., K., Z., G., B., G., S., M., J. & K.*, S.408.
[43] B-S-D, *H., T., K., Z., G., B., G., S., M., J. & K.*, S.408.
[44] B-S-D, *H., T., K., Z., G., B., G., S., M., J. & K.*, S.408.
[45] B-S-D, *H., T., K., Z., G., B., G., S., M., J. & K.*, S.408.
[46] B-S-D, *H., T., K., Z., G., B., G., S., M., J. & K.*, S.408.
[47] B-S-D, *H., T., K., Z., G., B., G., S., M., J. & K.*, S.409.
[48] B-S-D, *H., T., K., Z., G., B., G., S., M., J. & K.*, S.409.
[49] B-S-D, *H., T., K., Z., G., B., G., S., M., J. & K.*, S.409.

des Blickwinkels" wird laut.[50] Mediennutzer/Mediennutzerinnen sollten als „Subjekte" verstanden werden, die sich ihre mediale Umwelt aktiv aneignen und in digitalen Prozessen aktiv mitwirken.[51] Sich allein die Nutzung von digitalen Medien in Schulen anzuschauen reicht nicht. Bildungsprozesse und Sozialisationsprozesse befinden sich zwar in Rahmungen aber weisen auch eine Dezentralisierung und Deregulierung auf. Hinter diesem Verständnis sollten mediale Bildungsprozesse betrachtet werden. Mediatisierte, soziale Welten beinhaltet das Konzept von sozialen Einheiten, über die heranwachsende Menschen mit anderen Menschen in Kontakt stehen.[52] Mediatisiert, weil die soziale Welt und so auch Schulen, nicht losgelöst von Medien gedacht werden kann.[53] Hier auch kritisch zu hinterfragen: Kann Schule ohne Digitalisierung heutzutage noch ihre Funktionen erfüllen? Sie muss doch auf zukünftige Anforderungen vorbereiten und auf die Umwelt, ist diese nicht eine Welt mit digitalen Medien auf jeglichen Ebenen? Fragen zu den Bedingungen von Bildung mit oder über digitale Medien in den sozialen Welten (z.B. Schule) sollten folgende Aspekte beinhalten:

- Welche Rolle spielen digitale Medien und Medienbildung? (Angebotsdimension)
- Welche digitalen Medien fördern auf organisatorischer und personaler Ebene? (Kooperationsdimension)
- Welche Relevanz haben digitale Medien aus der Perspektive der Schüler/Schülerinnen und wie sie Bildungssettings verknüpfen? (Aneignungsdimension)

Angesicht der Chancen einer digitalen Mediennutzung für Lernende und Lehrende wird eine Medienbildung gefordert, die alle Kontexte der Medienbildung horizontal (bildungsbiografische Perspektive der Heranwachsenden) und vertikal (Abstimmung und Verzahnung von Bildungspartner/Bildungspartnerinnen und Bildungsbeteiligten) einbezieht, sowie subjektbezogene und gesellschaftliche Herausforderungen und Entwicklungen.[54] Mit starkem Fokus auf non-formalen, formalen und informellen Kontexten.[55] Zusammenfassend gilt es nicht nur medienkompetent und mediendidaktisch zu handeln, sondern Medienbildung als Aufgabe der Schule anzusehen und umzusetzen.[56]

---

[50] B-S-D, *H., T., K., Z., G., B., G., S., M., J. & K.*, S.409.
[51] B-S-D, *H., T., K., Z., G., B., G., S., M., J. & K.*, S.409.
[52] B-S-D, *Wolff & Martens*, S.460.
[53] B-S-D, *Wolff & Martens*, S.460.
[54] B-S-D, *H., T., K., Z., G., B., G., S., M., J. & K.*, S.412.
[55] B-S-D, *H., T., K., Z., G., B., G., S., M., J. & K.*, S.412.
[56] B-S-D, *H., T., K., Z., G., B., G., S., M., J. & K.*, S.412.

Nutzung von digitalen Medien für und in Schulen
Mit den ersten Taschenrechnern und Computern erhielten die digitalen Medien Mitte der 1970er-Jahren Einzug in die Schulen.[57] Anfangs wurden die digitalen Medien hauptsächlich außerhalb des Curriculums genutzt, nach und nach für das Programmieren.[58] Mit dem Programmieren (das Lösen für mathematische Probleme) verbinden sich zwei Lernerfahrungen: „[…]zum einen das explizite Formulieren einer Problemlösung und zum anderen direktes Feedback als Kontrolle durch das Programm, das bei der Ausführung diese Problemlösung Schritt für Schritt umsetzt." (*Reiss*, 2020, S. 14)[59] Unterrichte wurden durch den Einsatz von digitalen Medien programmiert (Inhalte und Ziele in fester Reihenfolge vorgegeben) und boten Lerngelegenheiten, die in einer nicht digitalen Umgebung schwer oder gar nicht zu ermöglichen waren.[60] Es dauerte jedoch weitere 20 Jahre (also bis in die 1990er-Jahre) bis die Hardware preiswerter wurden und so an mehreren Schulen Einzug halten konnten.[61] Problematisch war, dass es an systematischen Fortbildungen für die Lehrkräfte fehlte und zudem die Nutzung der Computer auf Eigeninitiative beruhte.[62] Erstaunlicherweise änderte sich dieser Aspekt in Bezug auf die Nutzung von digitalen Medien in Deutschland über einen langen Zeitraum kaum.[63] Im Jahr 2018 ist die Anzahl der Schulen, die digitalen Medien in ihren Unterrichten nutzen, äußerst gering gewesen.[64] In den letzten Jahren hat die Nutzung von digitalen Medien in der Schule stark zugenommen und so betrifft der Medienwandel Millionen von Schüler/Schülerinnen.[65] „Die Phasen des Distanzunterrichts in dieser Zeit waren gekennzeichnet durch einen großen Digitalisierungsschub: Schulen verlagerten das Unterrichtsgeschehen in den digitalen Raum, das Klassenzimmer wurde durch die Videokonferenz substituiert." (*Heinen*, 2022)[66] Dabei macht Heinen auf einige Vorteile von der Digitalisierung in der Schule aufmerksam: so ermöglicht das Digitale für Lernende ein gemeinsames Planen und Umsetzen ihres Lernens.[67] Das Digitale kann Einblicke in

---

[57] B-S-D, *Reiss*, S.13.
[58] B-S-D, *Reiss*, S.13.
[59] B-S-D, *Reiss*, S.13.
[60] B-S-D, *Reiss*, S.14.
[61] B-S-D, *Reiss*, S.14.
[62] B-S-D, *Reiss*, S.14.
[63] B-S-D, *Reiss*, S.14.
[64] B-S-D, *Reiss*, S.14.
[65] https://www.destatis.de/DE/Presse/Pressemitteilungen/2020/12/PD20_N081_63.html (Abgerufen am 01.09.22).
[66] https://schule21.blog/2022/04/07/hybrides-lernen-was-wir-vielleicht-doch-aus-corona-lernen-koennen/ (Abgerufen am: 01.09.22).
[67] https://schule21.blog/2022/04/07/hybrides-lernen-was-wir-vielleicht-doch-aus-corona-lernen-koennen/ (Abgerufen am: 01.09.22).

Lernprozesse geben und so bilden sich „Räume" für Feedback und Beratung für Lernprozesse.[68] Die Lernprozesse aus der Schule werden mobiler.[69] So können Lernende auch außerhalb der Schule am Bildungsangebot teilnehmen und im Kontakt mit Mitlernenden und Lernbegleitenden bleiben.[70] Es gilt, nicht nur Inklusion an allen Schulen auszubauen, sondern auch die Potenziale digitalen Medien für den Erwerb von fachliche und überfachlichen Kompetenzen und Kollaboration zu erweitern (diese Anforderungen kristallisieren sich auch im späteren Berufsleben heraus).[71] Schon vor der Coronapandemie (jedoch nochmal verstärkt durch diese) wurden digitale Defizite in den Schulen Deutschlands deutlich. Dieses Problem sollte nicht isoliert von anderen offenen Baustellen in Schulen angegangen werden. Der Erfolg von Schulen im 21.Jahrhundert benötigt einen ganzheitlichen Ansatz. So müssen neben digitalen Lernformen auch analoge Lernformen verändert werden, Lehrkräfte über adäquate Kompetenzen verfügen und Konzepte für einen inklusiven Ganztag. Jedes Kind soll durch die Schule bestmöglich auf die Zukunft vorbereitet werden. „Ganztagsschule, Inklusion, Digitalisierung und der Erwerb von Zukunftskompetenzen können das deutsche Schulsystem nur dann auf ein wirklich neues Qualitätslevel heben, wenn sie Eckpfeiler einer ganzheitlichen Strategie sind." (*Müller-Eiselt & Zorn*, 2021)[72]

Mit der Pandemie kam im Jahr 2020 der Lockdown und so wurden Lehrende und Lernende schlagartig mit der intensiven Nutzung von digitalen Medien konfrontiert und das Thema „Digitalisierung" stand nun im Fokus jeglicher gesellschaftlichen und wissenschaftlichen Debatten und Diskurse.[73] Diese Konfrontation führte, nach Aussagen von Lehrbeauftragten, bei einer Befragung im April 2020 zu folgenden Tendenzen: Es braucht zum einen Verbesserungsbedarf bei den eigenen digitalen Kompetenzen und eine bessere technische Ausstattung an den Schulen, zum anderen können sich fast die Hälfte der Befragten auch in Zukunft einen stärkeren Einsatz von digitalen Medien in den Schulen vorstellen.[74] Den Mehrwert beim Lernen durch die Nutzung von digitalen Medien in den Schulen, können viele Studien belegen.[75] Es wurde deutlich, dass der Mehrwert von digitalen Medien nicht universell

---

[68] https://schule21.blog/2022/04/07/hybrides-lernen-was-wir-vielleicht-doch-aus-corona-lernen-koennen/ (Abgerufen am: 01.09.22).
[69] https://schule21.blog/2022/04/07/hybrides-lernen-was-wir-vielleicht-doch-aus-corona-lernen-koennen/ (Abgerufen am: 01.09.22).
[70] https://schule21.blog/2022/04/07/hybrides-lernen-was-wir-vielleicht-doch-aus-corona-lernen-koennen/ (Abgerufen am: 01.09.22).
[71] https://schule21.blog/2021/04/22/ein-blog-fuer-die-schule-im-21-jahrhundert/ (Abgerufen am: 01.09.22).
[72] https://schule21.blog/2021/04/22/ein-blog-fuer-die-schule-im-21-jahrhundert/ (Abgerufen am: 01.09.22).
[73] B-S-D, *Reiss*, S.15.
[74] B-S-D, *Reiss*, S.15.
[75] B-S-D, *Reiss*, S.15.

für alle Lehrende, Lernende und Unterrichte übertragbar ist und nicht gleich verteilt ist.[76] Leistungsschwächere Lernende profitieren von einer digitalen Lernumgebung (z.b. Tablett) mehr, als leistungsschwächere Lernende bei der gleichen Aufgabenstellung mit einer analogen Lernumgebung (z.B. Buch).[77] Bei leistungsstärkeren Lernenden zeigte sich kein Mehrwert zwischen der Bearbeitung einer Aufgabenstellung mit einer digitalen Lernumgebung und einer analogen Lernumgebung.[78] Folgende hilfreiche Faktoren für den Erfolg bei der Nutzung von digitalen Medien an Schulen verstärken den positiven Einfluss bei der Nutzung von digitalen Medien:

- Neben digitalen Medien auch analoges Material verwenden
- Abwechslung zwischen digitalen und analogen Lernangeboten auch bei einer kurzer Dauer von Lehreinheiten
- Partnerschaftliches Arbeiten hat einen positiven effizienteren Einfluss bei dem Einsatz von digitalen Medien (z.B. das Arbeiten in Paaren)
- Wissen der Lehrkräfte haben einen signifikanten Einfluss auf eine bessere Leistung bei der Nutzung von digitalen Medien an Schulen (Fortbildungen für die Lehrkräfte zum Einsatz von digitalen Medien führen zu einem erfolgreicheren Unterricht in Kombination mit digitalen Medien)[79]

Perspektive der politischen Ebene auf Nutzung von digitalen Medien

Das Bundesministerium für Bildung und Forschung (BMBF) betont die Vorteile des Einsatzes von digitalen Medien für Bildung.[80] Digitale Medien verbessern das Lernen, tragen zur Bildungsgerechtigkeit bei (Möglichkeit der Teilhabe) und fördern die Individualisierung.[81] Auf der Ebene der Bildungspolitik wird ein starker wirtschaftlicher Bezug auf das Thema Medien und Bildung deutlich. Hierbei stellt sich die Frage, wie sinnvoll dies in Bezug auf Pädagogik ist (BMBF bezieht sich hauptsächlich auf wirtschaftliche Studien/Argumente in pädagogischen Sachverhalten (Frage Medien und Bildung)). Auch die Kultusministerkonferenz (KMK) formuliert die Antworten in Bezug auf digitale Bildung sehr technisch und reduziert die Thematik auf die Informationstechnik, obwohl sie sich gleichzeitig auf pädagogische

---

[76] B-S-D, *Reiss*, S.15.
[77] B-S-D, *Reiss*, S.16.
[78] B-S-D, *Reiss*, S.16.
[79] B-S-D, *Reiss*, S.16.
[80] https://www.bmbf.de/bmbf/de/home/_documents/digitale-medien-in-der-beruflichen-bildung.html (Abgerufen am 29.09.2022).
[81] https://www.bmbf.de/bmbf/de/home/_documents/digitale-medien-in-der-beruflichen-bildung.html (Abgerufen am 29.09.2022).

Referenzen bezieht.[82] Wichtig ist, dass Lernsteuerung nicht gleich Bildung ist und die digitalen Medien und ihre Entwicklung haben sowohl negative als auch positive Auswirkungen auf Bildung.

Forderungen aus dem Positionspapier der GfM (Gesellschaft für Medienwissenschaften) an die Medienkulturelle Bildung zusammengefasst:

- Eine enge Zusammenarbeit der Medienwissenschaft und Medienpädagogik
- Medienkulturelle Inhalte vor medienwissenschaftlichen Erkenntnissen konzipieren
- Medienbildung in schulische und außerschulische Bildung integrieren
- Medienwissenschaftliche Qualifizierungen von Lehrpersonal und Weiterbildungsangebote im schulischen und außerschulischen Bereich
- Als ein lebenslanges Lernen einbeziehen[83]

Nutzung der digitalen Medien aus Sicht der Schüler/Schülerinnen
Die Perspektiven der Kinder bzw. Schüler/Schülerinnen wurden in empirischen und pädagogischen Untersuchungen viel zu selten mit einbezogen, obwohl sie oft Beteiligte, wenn nicht auch Protagonisten in pädagogischen Debatten und Diskursen sind. Im folgenden Text werden prägnante Ergebnisse der Befragung zum Stand der Digitalisierung der Schulen zusammengefasst. 6000 Schüler/Schülerinnen und Lernende in allen Regionen der Schweiz wurden im Zeitraum Oktober bis November 2020 befragt. Die Befragung ist Teil eines permanenten Monitorings. Der Schulunterricht verlagerte sich durch die Schulschließungen und Auswirkungen der Pandemie (z.B. Quarantäne) von den Schulgebäuden in die Elternhäuser.[84] Lernprozesse und Bildungsprozesse verlagerten sich so aus der Institution Schule in die Elternhäuser (zu mindestens physisch). Um den Unterricht aufrechtzuerhalten, wurden digitale Medien zum zentralen Hilfsmittel der Lehrenden und Lernenden.[85] Schnell wurde deutlich, dass die Ausstattungen von digitalen Geräten in den Elternhäusern sehr unterschiedlich ist und so auch die Bedingungen und Zugänge der Schüler/Schülerinnen für die Teilnahme am Unterricht.[86] An dieser Stelle wird deutlich, dass digitale Medien zwar eine große Teilhabe suggerieren und vielleicht zu unbegrenzten Wissens- und Lernzugängen führen können. Der Zugang zu digitalen Medien ist begrenzt, obwohl oft von der Selbstverständlichkeit des Zuganges ausgegangen wird. Nach Auswertungen der Befragung gilt

---

[82] https://www.kmk.org/fileadmin/Dateien/veroeffentlichungen_beschluesse/2021/2021_12_09-Umsetzung-Strategie-Bildung-digitale-Welt.pdf (Abgerufen am 25.09.22).
[83] https://gfmedienwissenschaft.de/sites/default/files/pdf/2017-10/2013-GfM-Positionspapier.pdf (Abgerufen am: 5.08.22).
[84] *Oggenfuss & Wolter*, S.5.
[85] *Oggenfuss & Wolter*, S.5.
[86] *Oggenfuss & Wolter*, S.5.

der Internetanschluss in Elternhäusern als Standard (98% der Befragten).[87] 74% der befragten Schüler/Schülerinnen bestätigten das Vorhandensein eines Internetanschlusses in ihrer Schule.[88] Es zeigte sich, dass das Internet nicht an jeder Schule gleich gut funktioniert und dass die Internetgeschwindigkeit zwischen den Schulen variiert.[89] Zwar sind 98% der befragten Schüler/Schülerinnen, die über einen Internetanschluss zu Hause verfügen[90] sehr hoch, das heißt allerdings auch das 2% der Befragten keinen haben. Spätestens bei der Internetgeschwindigkeit in den Haushalten zeigen sich unterschiedliche Teilhabechancen der Lernenden und so auch einen unterschiedlichen Zugang zu Bildung von zu Hause (somit auch in den Zeiten der Schulschließungen). Auch eine unterschiedliche Verteilung von digitalen Bildungsangeboten und Nutzung von digitalen Medien in den Schulen selbst, zeigt sich. Doch welche digitalen Medien werden genau für und in den Schulen genutzt und welche digitalen Anwendungen? Am häufigsten, mit insgesamt 82% der befragten Schüler/Schülerinnen, wird der Computer genutzt.[91] Darauf folgt das Smartphone mit der häufigsten Nutzung für oder an der Schule.[92] Es wird auch deutlich, dass das Alter der befragten Schüler/Schülerinnen eine Auswirkung auf die Nutzung der digitalen Medien hat: mit zunehmendem Alter steigt auch die Häufigkeit der Nutzung von digitalen Geräten.[93] Die Ergebnisse der Befragung weisen große Unterschiede bei der Nutzung von digitalen Anwendungen auf (Suchmaschinen am häufigsten).[94] Bei den genannten digitalen Anwendungen handelt es sich um Hilfsmittel und Instrumenten, die direkt von dem/der Schüler/Schülerin im schulischen Lernprozess eingesetzt werden können.[95] Anwendungen, die hauptsächlich der Kommunikation dienen, nutzen deutlich wenig der befragten Schüler/Schülerinnen.[96] An dieser Stelle stellt sich die Frage wieweit digitale Medien zur Vernetzung von Schüler/Schülerinnen und Lernenden beitragen, wenn die dafür hauptsächlich der Kommunikation dienenden Anwendungen nicht so häufig genutzt werden. Auch die Nutzung von Lernplattformen, die nicht nur der Kommunikation dienen, sondern die Initiative von Schüler/Schülerinnen bedarf, stellt die Nutzung von digitalen Medien und das Ziel zur Selbständigkeit, Steigerung der Interaktivität und den Erwerb eines erweiterten Horizontes (aus dem Text Seminar) kritisch dar. In welchem Fach findet die Digitalisierung primär statt? Hauptsächlich werden digitale Geräte und Anwendungen im

---

[87] *Oggenfuss & Wolter*, S.9.
[88] *Oggenfuss & Wolter*, S.10.
[89] *Oggenfuss & Wolter*, S.11.
[90] *Oggenfuss & Wolter*, S.9.
[91] *Oggenfuss & Wolter*, S.12.
[92] *Oggenfuss & Wolter*, S.14.
[93] *Oggenfuss & Wolter*, S.14.
[94] *Oggenfuss & Wolter*, S.15.
[95] *Oggenfuss & Wolter*, S.15.
[96] *Oggenfuss & Wolter*, S.15.

Sprachunterricht angewendet.[97] Fast die Hälfte der befragten Schüler/Schülerinnen, geben den Gebrauch von digitalen Medien im Mathematikunterricht an.[98] In den anderen Fächern ist der Einsatz generell selten.[99] Abschließend wurden die Schüler/Schülerinnen zu ihren Einstellungen und Einschätzungen zum Lernen und Arbeiten mit digitalen Medien befragt. Insgesamt nehmen die befragten Schüler/Schülerinnen die Nutzung von digitalen Medien und ihre digitalen Anwendungen sehr positiv war und verknüpfen ihre Erfahrungen bei der Nutzung von digitalen Medien nicht mit zunehmenden Schwierigkeiten.[100] Einen höheren Nutzen mit dem Gebrauch von digitalen Medien in Lernprozessen nehmen die befragten Schüler/Schülerinnen aber nicht war.[101] An anderen Stellen wird ein deutlicher Unterschied zwischen den Geschlechtern der Befragten sichtbar: männliche Befragte äußern sich deutlich positiver über die Nutzung von digitalen Medien, verbinden mit der Nutzung von digitalen Medien mehr Spaß und schätzen auch die Nutzung höher ein.[102] Weibliche Befragte verbinden mit Nutzung von digitalen Medien eher keine höhere Lerneffizienz und stimmen der Verbindung Nutzung von digitalen Medien und höhere Ermüdung mehr zu als männlichen Befragte.[103] Anzumerken ist, dass die präsentierten Ergebnisse nur eine erste Bestandsaufnahme darstellen und diese erst noch weiter ausgebaut werden müssen.[104] Oggenfuss und Wolter ziehen im Fazit zu ihrer Befragung fünf wichtige Befunde:

1. Es wird ein Nachholbedarf der Anschaffung von Hardware deutlich, sowohl für den schulischen als auch für den außerschulischen Bereich, insbesondere das Ausbauen des Internetanschlusses und der Internetgeschwindigkeit.
2. Es kann noch nicht von einer großen Nutzungsintensität von digitalen Medien und digitalen Anwendungen an Schulen gesprochen werden. An der Stelle herrscht auch noch ein Ausbaupotential.
3. Es bieten sich noch nicht alle Fächer für die Nutzung von digitalen Medien und Anwendungen gleich gut an.
4. Die Befragung zeigt große Unterschiede in den Ergebnissen zwischen den Sprachregionen (auf diese wurde in der Hausarbeit nicht einzeln eingegangen, sondern es wurden die Gesamtergebnisse beleuchtet).

---

[97] *Oggenfuss & Wolter*, S.19.
[98] *Oggenfuss & Wolter*, S.19.
[99] *Oggenfuss & Wolter*, S.19.
[100] *Oggenfuss & Wolter*, S.21.
[101] *Oggenfuss & Wolter*, S.21.
[102] *Oggenfuss & Wolter*, S.21.
[103] *Oggenfuss & Wolter*, S.21.
[104] *Oggenfuss & Wolter*, S.24

5. Deutliche Unterschiede auf die Geschlechterunterschiede in Bezug auf die Nutzung von digitalen Medien und digitalen Anwendungen in Schulen.

Ist eine Schule digital, wenn mit digitalen Medien unterrichtet wird?
Digitale Medien sind Thema, Werkzeug und Ablenkung zugleich.[105] Schulen müssen mit, über und trotz digitaler Medien unterrichten.[106] Aus informatischer Sichtweise ist ein Unterricht mit digitalen Medien erforderlich, um mit digitalen Medien einen Umgang und Verständnis über computerbasierte Erfassung, Verarbeitung und Vernetzung zu erlernen.[107] Digitale Medien nehmen eine Rolle in der Allgemeinbildung ein und sind Teil der digitalen Umwelt, so aus didaktischer Sichtweise.[108] Die Schnelllebigkeit der digitalen Inhalte und Medien erschweren diese Aufgabe (Evaluation von Digitalisierung an Schulen).[109] Lehrkräfte sind dazu aufgefordert, regelmäßig abzuschätzen, welche Nutzungen und Inhalte von digitalen Medien erforderlich und förderlich für den Unterricht sind.[110] Dieser Mehraufwand für die Lehrkräfte und teilweise auch noch die geringe Erfahrung und fehlende aber erforderliche Kompetenzen für die Nutzung von digitalen Medien im Unterricht sind noch stark ausbaufähig.[111] Die Entstehung und Evaluierung von einem inhaltlichen Grundverständnis über und mit der Digitalisierung, folgt aus der informatischen und didaktischen Sichtweise.[112] Es braucht ein Grundverständnis der digitalen Medien, deren Inhalte und „gute" digitale Vermittlungspraktiken.[113] Durch die Nutzung von digitalen Medien werden Schulen nicht automatisch digital.[114] Die Digitalisierung verstärkte gesellschaftliche Entwicklungen und so auch den pluralen Individualismus.[115] Eine digitale Schule ermöglicht Lernenden und Lehrenden eine verantwortungsvolle gesellschaftliche Teilhabe in einer digitalisierten Welt.[116] Gleichzeitig müssen Schulen trotz sich verändernder normativen Ansprüche ihrer Funktionen gerecht werden.[117] Schule erfüllt auch ohne die digitale Umwelt ihre Funktionen für Lern- und Bildungsprozesse.[118] Wie weit erfüllt heutzutage die Schule auch ohne die digitale Umwelt ihre Funktionen? Fest steht, dass unsere Umwelt sich stetig durch das Wechselverhältnis von

---

[105] B-S-D, *Wolff & Martens*, S.460.
[106] B-S-D, *Wolff & Martens*, S.460.
[107] B-S-D, *Wolff & Martens*, S.460.
[108] B-S-D, *Wolff & Martens*, S.460.
[109] B-S-D, *Wolff & Martens*, S.460.
[110] B-S-D, *Wolff & Martens*, S.460.
[111] B-S-D, *Wolff & Martens*, S.460.
[112] B-S-D, *Wolff & Martens*, S.460.
[113] B-S-D, *Wolff & Martens*, S.460.
[114] B-S-D, *Wolff & Martens*, S.460.
[115] B-S-D, *Wolff & Martens*, S.460.
[116] B-S-D, *Wolff & Martens*, S.460.
[117] B-S-D, *Wolff & Martens*, S.460.
[118] B-S-D, *Wolff & Martens*, S.460.

gesellschaftlichen Entwicklungen und technischen Neuheiten wandelt und der Begriff „Digitalisierung" vermutlich mehrdeutig bleibt.[119]

Fazit

Kommunikation, Interaktionen und Wissensaustausch verändern sich durch die Digitalisierung.[120] Das Potenzial der Nutzung von digitalen Medien wird im Bildungsbereich Schule noch nicht genug genutzt.[121] Die Forderung nach einer „Erweiterung des Blickwinkels" wird laut.[122] Mediennutzer/Mediennutzerinnen sollten als „Subjekte" verstanden werden, die sich ihre mediale Umwelt aktiv aneignen und in digitale Prozessen aktiv mitwirken.[123] Es reicht nicht aus nur digitalen Medien an Schulen zu Verfügung zu stellen, vielmehr braucht es mehr Wissen welche digitalen Konzepte ein ganzheitliches Lernen fördern und weiterentwickeln können.[124] 40% der befragten Schüler/Schülerinnen aus der aufgeführten (in der Schweiz, 2020) Befragung nutzen Drucker- und Scan-Geräte.[125] Diese dienen eher zu einer Umgehung einer digitalen Arbeitsweise.[126] An der Stelle wird deutlich, dass nicht alle Schüler/Schülerinnen und Lernende ausschließlich digitale Medien für Lernprozesse präferieren. Zwar sollte die Digitalisierung im Bildungssystem weiterausgebaut werden, aber nicht ausschließlich, um gleiche Teilhabechancen an Bildung für Schüler/Schülerinnen und Lernenden zu stärken. Auch wird deutlich, dass unterschiedliche finanzielle Lagen und Ressourcenzugänge (so auch verschiedene soziale Milieus) von Familien, Auswirkung auf Lernprozesse und Teilhabechance haben. So auch die digitalen Medien (welche auch gewisse finanzielle Mittel und Ressourcenzugänge voraussetzten). Es bestehen noch zahlreiche Defizite bei der Ausstattung, den Zugängen und Konzepten für eine ausgeschöpfte und effiziente Digitalisierung an Schulen.[127] Auch die Stärkung der digitale Kompetenzen der Lehrenden und Lernenden sollte weiterausgebaut werden.[128] Aus pädagogischer Sichtweise, können digitale Medien die Vermittlungsmöglichkeiten der Lehrkräfte erweitern, indem digitale Medien gezielt fordern und fördern.[129] Es existieren bereits Curricula über digitale Kompetenzen, jedoch gibt

---

[119] B-S-D, *Wolff & Martens*, S.460.
[120] B-S-D, *Wolff & Martens*, S.460.
[121] B-S-D, *H., T., K., Z., G., B., G., S., M., J. & K.*, S.408.
[122] B-S-D, *H., T., K., Z., G., B., G., S., M., J. & K.*, S.409.
[123] B-S-D, *H., T., K., Z., G., B., G., S., M., J. & K.*, S.409.
[124] B-S-D, *Reiss*, S.17.
[125] *Oggenfuss & Wolter*, S.12.
[126] *Oggenfuss & Wolter*, S.12.
[127] B-S-D, *H., T., K., Z., G., B., G., S., M., J. & K.*, S.409.
[128] B-S-D, *Reiss*, S.17.
[129] B-S-D, *Wolff & Martens*, S.460.

es noch nicht genügend seriöse Erfahrungswerte über „gute" Inhalte und Vermittlungspraktiken von und mit digitalen Medien.[130] Durch die Digitalisierung müssen individuelle Zugänge und eine bessere Vermittlung der Inhalte leichter ermöglicht werden.[131] Auch hier stellt sich wieder eine Herausforderung durch den Einsatz von digitalen Medien an Schulen, digitalen Medien unterstützen direkte Instruktion und einen offenen Unterricht.[132] Bei dem Einsatz von digitalen Medien wird von einem einheitlichen Standard ausgegangen und hohe Voraussetzungen als selbstverständlich angesehen. Eine westliche Sicht auf die Digitalisierung von Bildung? Auch wurde durch die Ergebnisse der oben aufgeführten Befragung (2020) deutlich, dass auch Zeiten des Wandels hin zu einer gleichgestellten Gesellschaft, es deutliche Differenzen zwischen den Geschlechtern, hier bezogen auf die Nutzung von digitalen Medien existieren und diese auch mehr in die Entwicklung und Diskursen in Bezug auf digitale Medien einbezogen werden müssen. Sich allein nur die Nutzung von digitalen Medien in Schulen anzuschauen, reicht nicht. Bildungsprozesse und Sozialisationsprozesse befinden sich zwar in Rahmungen (Curricula) aber weisen auch einer Dezentralisierung und Deregulierung auf. Hinter diesem Verständnis sollten mediale Bildungsprozesse an Schulen betrachtet werden.

Ende der Bearbeitung

Elina Fischer

---

[130] B-S-D, *Wolff & Martens*, S.460.
[131] B-S-D, *Wolff & Martens*, S.461.
[132] B-S-D, *Wolff & Martens*, S.461.

Literaturverzeichnis

Literatur:

Kaspar, K., **Becker-Mrotzek**, M., **Hofhues**, S., **König**, J. & **Schmeinck**, D. (2020). *Bildung, Schule, Digitalisierung* (1. Aufl.). Waxmann.
Zitiert als: B-S-D, *Bearbeiter*, [...]

Oggenfuss, O. C. & **Wolter**, W. S. (2021). *Monitoring der Digitalisierung der Bildung aus der Sicht der Schülerinnen und Schüler.* SKBF.
Zitiert als: *Oggenfuss & Wolter*, 2021, [...]

Pietraß,0, M. (2020). *Bildung in Bewegung. Das neue Lernpotenzial digitaler Medien.* Leske + Budrich.
Zitiert als: *Pietraß*, 2020, [...]

Wagner, E. (2014). *Mediensoziologie* (1. Aufl.). UTB GmbH.
Zitiert als: *Wagner*, 2014, [...]

Zirfas, J. (2017). *Einführung in die Erziehungswissenschaft (Grundstudium Erziehungswissenschaft, Band 4874)* (1. Aufl.). UTB GmbH.
Zitiert als: *Zirfas,*2017, [...]

Internetquellen:

Gesellschaft für Medienwissenschaft (2013): *Medienkultur und Bildung.* Positionspapier. URL:
https://gfmedienwissenschaft.de/sites/default/files/pdf/2017-10/2013-GfM-Positionspapier.pdf
(Abgerufen am: 5.08.22).
Zitiert als: Medienkultur und Bildung, 2013, [...]

Kulturminister Konferenz (2021): *Bericht der Lenkungsgruppe zur Umsetzung der Strategie „Bildung in der digitalen Welt".* URL:
https://www.kmk.org/fileadmin/Dateien/veroeffentlichungen_beschluesse/2021/2021_12_09-Umsetzung-Strategie-Bildung-digitale-Welt.pdf (Abgerufen am 25.09.22).
Zitiert als:
https://www.kmk.org/fileadmin/Dateien/veroeffentlichungen_beschluesse/2021/2021_12_09-Umsetzung-Strategie-Bildung-digitale-Welt.pdf (Abgerufen am 25.09.22).

M. (2022, 7. April). *Hybrides Lernen - Was wir vielleicht doch aus Corona lernen können.* Schule-Lernen-Bildung im 21. Jahrhundert. Abgerufen am 1. September 2022, von
https://schule21.blog/2022/04/07/hybrides-lernen-was-wir-vielleicht-doch-aus-corona-lernen-koennen/
Zitiert als: https://schule21.blog/2022/04/07/hybrides-lernen-was-wir-vielleicht-doch-aus-corona-lernen-koennen/ (Abgerufen am: 01.09.22).

V. (2021, 26. Mai). *Ein Blog für die Schule im 21. Jahrhundert.* Schule-Lernen-Bildung im 21. Jahrhundert. Abgerufen am 1. September 2022, von https://schule21.blog/2021/04/22/ein-blog-fuer-die-schule-im-21-jahrhundert/
Zitiert als: https://schule21.blog/2021/04/22/ein-blog-fuer-die-schule-im-21-jahrhundert/ (Abgerufen am: 01.09.22).

Bundesministerium für Bildung und Forschung. *Digitale Medien in der beruflichen Bildung.* (o. D.). URL:
https://www.bmbf.de/bmbf/de/home/_documents/digitale-medien-in-der-beruflichen-bildung.html
(Abgerufen am 29.09.2022).
Zitiert als: https://www.bmbf.de/bmbf/de/home/_documents/digitale-medien-in-der-beruflichen-bildung.html (Abgerufen am 29.09.2022).

BEI GRIN MACHT SICH IHR WISSEN BEZAHLT

- Wir veröffentlichen Ihre Hausarbeit, Bachelor- und Masterarbeit

- Ihr eigenes eBook und Buch - weltweit in allen wichtigen Shops

- Verdienen Sie an jedem Verkauf

Jetzt bei www.GRIN.com hochladen und kostenlos publizieren